# Pasos para No Suicidarse

Caballero Oculto

Pasos para No Suicidarse

ISBN – 13: 978-1503081239

ISBN - 10: 1503081230

# Pasos para No Suicidarse

# DEDICACIÓN

*En nombre de todas aquellas personas que alguna vez estuvieron y ahora ya no están porque se nos adelantaron.*

Pasos para No Suicidarse

Cualquier evento que acontece en la vida tiene un motivo particular y otro general: el particular es la situación personal; y el general, la situación ambiental. La situación personal abarca los momentos que se han vivido durante la vida. Un momento es el estado de existencia que tiene un ser humano u otro ser. La situación ambiental, por su parte, establece un enlace inquebrantable durante la vida con el entorno y el alrededor general.

Al poner en práctica lo anterior, se dan fenómenos como *la soledad triste, la desconfianza mutua, el desamor con resentimiento, el individualismo* -producto del relativismo[1]-. La soledad triste puede verse en el caso de aquel hombre que se quita la vida o se suicida porque la novia que alguna vez estuvo con él ahora no se encuentra junto a él, o viceversa. La desconfianza mutua se da en el caso de la mujer que se suicida porque el dinero que producía la empresa en donde ella laboraba se desaparecía porque ella misma era la persona que la guardaba o en mejor término robaba. El desamor con resentimiento: lo vemos en la falta de diálogo entre hermanas y hermanos. Mas el individualismo, cuando realmente no tenemos en cuenta la

---

[1] http://www.amazon.com/Prefacio-Fin-del-Relativismo-Filos%C3%B3fico/dp/1490348530

existencia de la otra persona, así las veamos todos los días mientras circulamos por ahí.

Nada justifica un suicidio, así como el Señor es Dios. Porque sufrir es de Dios, ¿Acaso nuestro Señor Jesucristo no sufrió por todo el Mundo? ¡De ninguna manera! Todo lo contrario, pensar en que sufrimos estando en vida y que por tal sufrimiento daremos fin a ella, a la vida, son dos cosas diferentes. En el caso del joven que se suicidó porque la novia ya no lo quería, había una pronta solución, y era la de tener a Dios en el corazón. Es preciso decir que antes de que se tome la decisión del matrimonio: la mujer y el hombre como pareja vivan el noviazgo. En el segundo caso, luego de que la mujer se quitara la vida, a su esposo junto con sus hijos e hijas les embargaron sus propiedades; ella no pensaba más que en el miedo que sentía porque se enteraran en la empresa en donde trabajaba de que ella era quien guardaba el dinero del producido, hecho que afectó bastante a las demás personas que trabajaban con ella.

No dialogar es una forma en que el mal se manifiesta para causar separación. Por ejemplo: el hombre que piensa que si su vida consistirá en no volver a caminar o a salir de paseo porque tendrá que permanecer en una cama recostado, se quitará la vida con un disparo. Ante el amor de Dios que no se aparta más la compañía de sus seres familiares en sus diferencias humanas, las pocas ganas o pocos ánimos de vivir disminuyen. Paso a paso la alegría va volviendo así como un nuevo amanecer.

El pensamiento de quitarse la vida es un fenómeno pasajero, es decir, un hecho en el que coincide la situación personal con la situación ambiental sin prolongación de tiempo vital. Aquella mujer adolescente que aparece ahorcada en su habitación, colgada desde el techo, sostenida por su propia bufanda envuelta, aún con brillantes recorridos de lágrimas secándose en sus mejillas sonrojadas, sin signos vitales, no hubo tenido en cuenta que Dios en su corazón puede ayudarle a vivir una adolescencia feliz, y por lo tanto: en el tiempo y fuera del tiempo. En el tiempo podemos ser cantantes, artistas de internet, cine o televisión, estudiantes que investigan a diario las situaciones humanas, de la naturaleza y el universo, sacerdotes o religiosas que entregan la vida en homenaje a nuestro Señor Jesucristo y la Virgen María, y muchas más cosas. Fuera del tiempo, existimos siendo seres humanas y humanos mortales, siendo el milagro de Dios en la creación, siendo hijas e hijos de Dios para la salvación por nuestro Señor Jesucristo.

La escritora o el escritor, luego de haber padecido nostalgias, recibe el bisturí para que acabe con su vida. Se lo ha entregado el enemigo. Las letras que quedaron en sus libros escritos apenas hablan. Aunque no es admiración lo que produce su partida, sino miedo. Y miedo no podemos tener mientras vivamos. La infusión de miedo en el alma nos aleja de la paz de la vida. Así por ejemplo la música, que es de Dios, está en el alma y nos procura en absoluto de fenómenos como el miedo. Acceder al miedo es creer en el mal que se está dando en un momento dado, en cambio, irse del miedo es no volver el rostro. Así como una dama no entrega sonrisas por insultos o un caballero no entrega lágrimas por deshonores, así tampoco es posible herir la vida por la propia determinación cuando la correspondencia es la indeterminación. La indeterminación es el estado del alma en el que la supervivencia espiritual está en control del desespero por el no saber.

Como la mayoría de veces, ocurre que un hecho trágico sucumbe un estado de ánimo directamente hasta el desespero. Desesperarse es el movimiento inquietante del alma en el cuerpo operando como espíritu. Todo inquieta en aquel estado, hasta las reacciones son incontrolables. El desespero pareciera ser la causa de que se tome precipitadamente la decisión de quitarse la vida, aunque es aparente ese mismo desespero, es decir, no es real, pudiera ser la música más profunda pero es mental, en una manera metafórica, no se puede tomar un cable y conectarlo a la cabeza para que suenen los sonidos que se están reproduciendo por dentro de ella, esos mismos sonidos que son los que en palabras anuncian que no se tiene ninguna posibilidad de continuar más en el entorno de la vida y ser en ella, o vivir.

La libertad jamás se encuentra en cadenas cuando la vida habita en ella, más la desesperación lo que procura es el encierro, no puede haber reflexión, contemplación, percepción ni siquiera paz ante la desesperación. El hábito del desespero incluso como herramienta gubernamental es una falacia ad hominem[2], pues encerrar en desesperación a una persona que no se encuentra en algún sistema establecido significa opresión. En algunas representaciones ejemplares se aprecia la forma en que una misma sociedad se desregula por la autoeliminación, pero no es la sociedad quien produce la opresión sino que la opresión produce la sociedad, en ese caso no hay respeto alguno por la normatividad social ni la vida. Al no respetarse la vida es

---

[2] *Contra el (la) Hombre (Mujer).*

posible que las determinaciones de la sociedad se relativicen hasta el absoluto, en donde no es fácil contemplar la unidad y la pluralidad.

En ese tipo de relatividades el fenómeno del suicidio se relaciona con los aspectos y las situaciones vitales de las personas. La relación se sostiene por el grado de comunicación con el entorno, es decir, la información que circula por el mundo se encuentra tanto en la mente como en el arte. Al comprender que todo tiene sentido para una persona en la simple condición de la vida y de la humanidad, se sigue que la desesperación o acelera el sentido o va en contra sentido, a su vez, la desesperación no tiene el mismo ritmo de ser en el tiempo que el alma humana. En cambio, un alma desesperada es fuego para el viento en el entorno de la vida, lo que quiere decir que es posible que apague pronto su llama. La desesperación logra su objetivo al implantar en el alma la confusión. Realmente la confusión es un estado efímero del pensamiento y del corazón, es un ordenador con bastante espacio desorganizado, a su vez, es el método pragmático del relativismo.

Puede decirse que el relativismo es la causa de la existencia del fenómeno del suicidio en la especie humana.

Pero es preciso insistir en que no es un fenómeno natural sino abstracto. El suicidio es semejante a la no existencia en la vida y la continuidad o prolongación de ese estado en el tiempo, es decirle no a la realidad y negar su apariencia, es mentalmente percibir la pseudo-realidad con imaginación, es decir, lo que no es pasa a ser un posible en la mente y allí busca su realidad en el exterior. Por tales hechos el relativismo hace uso del miedo y del pánico para evitar que la armonía del mundo esté acorde con el verdadero ritmo del tiempo de vida.

El miedo y el pánico no son producto de la tragedia, puesto que la tragedia hace parte de la vida en su condición romántica, es decir, ocurre un dolor en el cuerpo que purifica el alma, en cambio, aquéllos son consecuentes de la confusión, más no es necesario tener miedo o pánico en la vida porque cada día es una oportunidad. El miedo es aquello que hace que algo no sea por una causa que no existe, y, el pánico es aquello que niega y esconde el contexto: los momentos oportunos se van yendo porque no se van desarrollando. Al no cumplirse una expectativa de vida, la confusión logra parcialmente debilitar el estado de ánimo, pero es por la manifestación de miedo y de pánico en el alma.

Encontrar, por otro lado, un origen del fenómeno del suicidio, es una tarea verosímil en los contextos bélicos o naturales en el tiempo. Más aún, en lo particular y en lo general, es decir, para lo particular corresponde el afán de conocer el interior, y en lo general corresponde la paciencia de conocer el exterior. Ante este mundo abstracto, el suicidio se desenvuelve además en el espacio virtual, porque se ha visto el caso de personas que se han quitado la vida, al sentir desesperación desde la red. El suicidio pareciera falsamente convertirse en una ideología o corriente de pensamiento que sugiere que es preciso determinar el momento vital a gusto en la confusión limitándose por la desesperación. Que porque ya no hay nada más que hacer, habla en el alma la confusión, y se le cree así como así, sin ninguna explicación, y entonces quitémonos la vida y ya. Seguramente si no volviera a salir el Sol en las mañanas es porque se ha ido libremente a alumbrar a otros seres que sí aprovechan su calor. Pero hablaríamos con el Sol desde nuestro corazón, y también seguramente nos escucharía, porque siempre es Luz en nosotras y nosotros.

No se piense en ningún culto ajeno, también abstracto, de la sociedad, como principio activo del fenómeno del suicidio, porque el relativismo no discute entre sí, más bien, el relativismo hace que se genere una multiplicidad de luces en la noche de la mente. Las luces son las lágrimas, los suspiros, los anhelos inquebrantados, y la noche de la mente representa nuestra privacidad.

# SOBRE EL AUTOR

En la actualidad el Autor ha publicado decenas de Libros sobre diferentes temáticas. Fundador de Filosofía y Letras Comunidad, Revista Filosofía y Letras Comunidad, Libertad Financiera en el Mundo, Música Comunidad, entre otras empresas.

www.ingramcontent.com/pod-product-compliance
Lightning Source LLC
Chambersburg PA
CBHW071352310526
45790CB00018B/1419